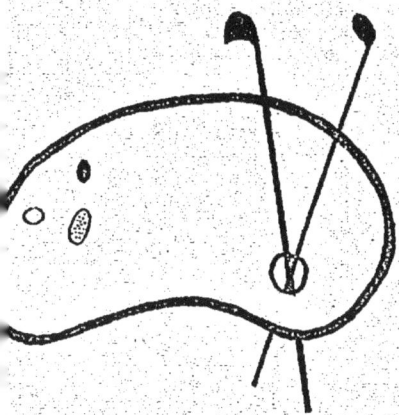

DEBUT D'UNE SERIE DE DOCUMENTS
EN COULEUR

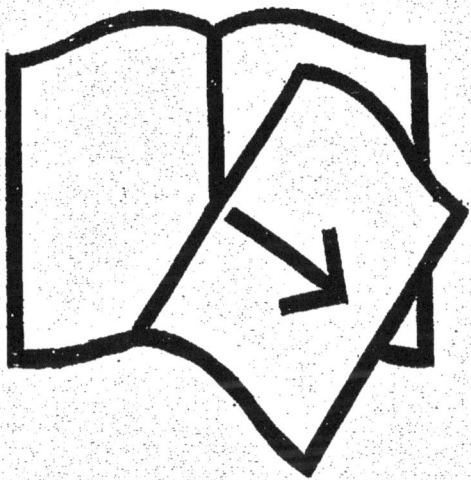

Couverture inférieure manquante

NOTICE

LA DISSOLUTION

DU

Conseil municipal d'ALIGNAN (Hérault)

ET PIÈCES A L'APPUI

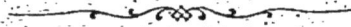

———

TYPOGRAPHIE DE BOEHM & FILS, PLACE DE L'OBSERVATOIRE
Éditeurs du MONTPELLIER MÉDICAL.

—

1869

L7k
14720

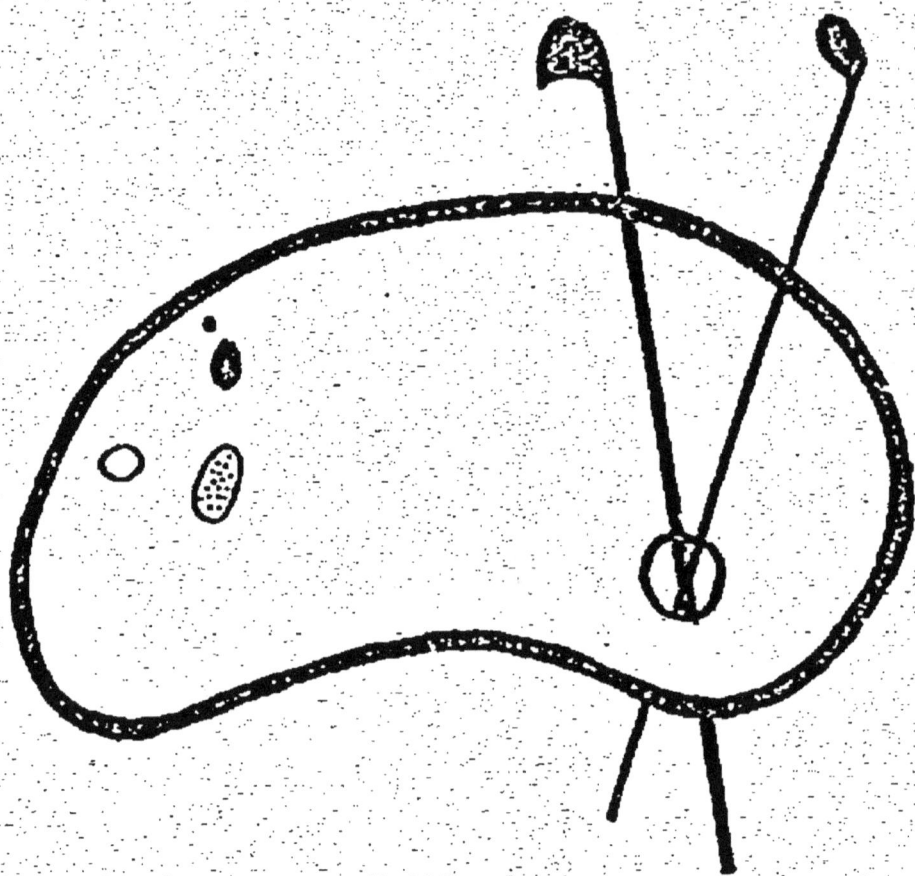

FIN D'UNE SERIE DE DOCUMENTS
EN COULEUR

NOTICE

SUR

La Dissolution du Conseil municipal d'ALIGNAN

(HÉRAULT)

ET PIÈCES A L'APPUI.

Aux élections municipales de 1865, sur les 12 candidats élus, 10 appartenaient à la liste indépendante et 2 à la liste officielle. Les conseillers indépendants étaient : MM. Félicien Laurens, Louis Eustache, Louis Aliquot, Joseph Gibbal, Léon Luquis, Casimir Gasc, Joseph Albet, Guillaume Scié, Pierre Georgerens et Barthélemy Combes; les conseillers officiels : MM. Henri Crozals, maire, et Paul Cadas, adjoint [1]. Avec un pareil résultat du scrutin, il fut de toute évidence que le pouvoir administratif de la commune allait être déplacé, et qu'au lieu de réside", suivant l'usage, entre les mains du Maire, il se trouvait au cœur même du Conseil municipal. En conséquence, M. le Maire avait deux partis à prendre : donner sa démission, ou bien se résigner à n'être que la *puissance exécutive* du Conseil. Il ne voulut faire ni l'un ni l'autre, et se créa la plus fausse des positions. Après avoir marché quelque temps en assez bonne intelligence avec le Conseil, il se mit à protester contre les votes de la majorité. Ce moyen ne lui réussissant pas toujours auprès de M. le Préfet, il voua une haine implacable au Conseil municipal, et il a fini par lui refuser son concours d'une manière absolue, pour

---

[1] M. le Maire fut inscrit au tableau des Conseillers sous le n° 4, et M. l'Adjoint sous le n° 8.

forcer l'Autorité supérieure à choisir entre le Maire et le Conseil.

I

Au mois de mai de l'année courante, M. le Maire ne réunit pas le Corps municipal pour la session légale. Le 1er juin, les sept conseillers indépendants — il en était mort trois [1] — écrivirent à M. le Préfet, pour se plaindre de cette violation de la loi. M. le Préfet n'ayant pas donné suite à leur plainte, ils adressèrent, le 3 août, la lettre suivante au Rédacteur en chef de l'*Avenir National,* et à ceux de la *Tribune,* de l'*Électeur* et du *Réveil* [2].

MONSIEUR LE RÉDACTEUR,

« Pendant que, dans les hautes régions, les chefs de la démocratie, députés ou journalistes, soutiennent des luttes ardentes en faveur de la liberté, nous, soldats obscurs de la même cause, nous combattons l'arbitraire dans le Conseil municipal de notre petite commune. Mais, pour le combattre avec chance de succès, nous sentons parfois le besoin de demander aide et secours à nos chefs. Déjà, par l'organe de M. Havin, plaidant pour nous au Corps législatif, nous avons triomphé des résistances qu'opposait M. le Préfet de l'Hérault à l'augmentation du nombre des élèves gratuits dans les écoles de notre village. Nous venons aujourd'hui faire appel à la publicité, dans les colonnes de votre journal, avec l'espoir d'obtenir par ce moyen le redressement des torts de l'autorité envers la commune dont nous sommes les représentants. Nous limiterons nos plaintes à trois faits qui constituent des violations flagrantes de la loi.

» Le premier de ces faits se rapporte à l'art. 8 de la loi du 5 mai 1855, article ainsi conçu: «En cas de vacance dans l'in-»tervalle des élections, il est procédé au remplacement quand

[1] Nous sommes heureux d'avoir une occasion de rappeler le souvenir de nos bons collègues Guillaume Scié, Joseph Albet et Louis Aliquot.

[2] Cette lettre fut reproduite par *le Français* et *l'Émancipation* de Toulouse.

»le Conseil municipal se trouve réduit aux trois quarts de ses »membres.» Eh bien! M. le Rédacteur, le Conseil municipal d'Alignan est réduit aux trois quarts de ses membres depuis le 20 mars 1867. Il a pris une délibération, le 1ᵉʳ août de la même année, pour demander la convocation des électeurs. Il a, le 15 janvier de l'année courante, adressé une lettre à M. le Ministre de l'Intérieur, pour se plaindre de ce que cette convocation n'avait pas eu lieu, et, au moment où nous écrivons, le Conseil municipal est encore privé d'un quart de ses membres.

»Le second fait est relatif à l'art. 18 de la loi du 15 mars 1850. Cet article porte que «l'inspection des établissements d'instruc- »tion publique ou libre est exercée par les délégués cantonaux, »le maire et le curé, le pasteur ou le délégué du consistoire »israélite, en ce qui concerne l'instruction primaire.» Or, M. le Préfet de l'Hérault a nommé pour délégué cantonal... devinez qui! M. le Rédacteur... le maire lui-même[1]; de sorte que la sur- veillance de nos écoles, qui doit être exercée par trois personnes, ne l'est plus que par deux. De cette façon, elle pourrait l'être par une seulement. Il n'y aurait pour cela qu'à nommer en outre M. le Maire curé *in partibus scholarum.* Nous avons, dans une délibération du 4 novembre 1866, demandé que M. le Préfet voulût bien choisir un délégué cantonal autre que M. le Maire et M. le Curé. Aucune suite n'a été donnée à cette délibération. Le 10 décembre de la même année, le secrétaire du Conseil écri- vait à M. le Ministre de l'Instruction publique :«Pourrez-vous »approuver, M. le Ministre, qu'un village qui a produit tant »d'universitaires, des proviseurs, des professeurs de faculté, des »inspecteurs d'académie[2], et qui compte, à l'heure qu'il est,

[1] M. le Maire tenait beaucoup, paraît-il, à ce que le conseiller Féli- cien Laurens, ancien professeur au Lycée de Nîmes, ne fût pas nommé délégué cantonal. Était-ce pour se réserver exclusivement le plaisir de faire le bien dans nos écoles? Consultez à cet égard la délibération du 11 février 1867, relative aux classes d'adultes.

[2] Le village d'Alignan a produit deux inspecteurs d'Académie: MM. Bouchard et Joseph Crozals; un avocat au Parlement de Toulouse, secrétaire perpétuel de l'Académie des Jeux Floraux: M. Poitevin-Pey- tavi; un professeur de Faculté : M. Pierre Lenthéric; deux professeurs

» parmi ses habitants, quatre ou cinq bacheliers ès-lettres ou ès-
» sciences, soit traité par M. le Préfet de l'Hérault comme un de
» ces villages bretons où le maire seul sait lire et écrire? Que
» deviendraient l'esprit et la lettre de la loi? Je pose la question,
à **V. Exc.** de juger.» (S. Exc. jugea qu'elle ne devait pas hono-
rer d'une réponse le secrétaire du Conseil.)

» Enfin, nous arrivons au troisième fait. Dans une circulaire,
en date du 11 avril dernier, M. le Préfet avait invité tous les
maires du département à réunir, le 3 mai, les Conseils municipaux pour la deuxième session légale. M. le Maire d'Alignan n'a
pas convoqué le Conseil, sous prétexte que le budget de 1868
n'avait pas encore été renvoyé de Montpellier : comme s'il n'y avait
pas, en dehors du budget, des questions graves à résoudre. Le
1er juin, le Conseil municipal a cru devoir adresser à M. le Préfet
la lettre qui suit : « M. le Préfet, par votre circulaire du 11 avril,
» vous avez donné ordre à tous les maires d'ouvrir, le 3 mai, la
» deuxième session légale des Conseils municipaux. Cependant
» nous sommes au 1er juin, et le Conseil municipal d'Alignan n'a
» pas encore été convoqué. Les affaires de la commune sont en
» souffrance, et tout le monde s'en plaint. Un de nos puits est à
» sec, et l'autre ne nous donne plus que de l'eau trouble. Le corps
» de pompe de la fontaine a besoin d'être renouvelé. Notre vieille
» horloge est à bout de voix. Le chemin du nouveau cimetière
» demande une réparation considérable, et les arbres nouvelle-
» ment plantés dans le lieu de sépulture meurent faute d'arro-
» sage.

» D'un autre côté, il nous faudrait créer au plus tôt des res-
» sources pour subvenir à toutes ces dépenses. Or la vente de ter-
» rains pour des tombeaux de famille produirait des fonds abon-
» dants. Mais il ne plaît pas à M. le Maire d'opérer cette vente,
» sous prétexte qu'il n'y est pas encore autorisé. Et pourtant le
» nouveau cimetière est ouvert depuis le 7 mars !

de Lycée : MM. Aurias et Audouy; un professeur à l'École du génie :
M. Jean-Jacques Lenthéric; deux proviseurs : MM. Casimir Cadas et
Jacques Crozals; cinq principaux de Collège : MM. Saint-Christol Pey-
tavi, Martin Cadas, Émile Crozals, Barrès et Vidal, etc.

»Veuillez, Monsieur le Préfet, porter remède à un état de choses
»aussi déplorable, et agréez, etc.»

»M. le Préfet, qui a vu M. le Maire à Servian, le 9 juin, lors
du conseil de révision, et qui lui a parlé de notre lettre, n'a pas
jugé à propos d'ordonner à ce fonctionnaire de tenir la session
du mois de mai. Le Conseil municipal d'Alignan serait-il hors la
loi? Nous devons à la vérité de dire que, sous la pression de l'o-
pinion publique, M. le Maire a bien voulu convoquer le Conseil
le 25 du mois de juin, mais pour traiter exclusivement la question des puits et fontaines.

»Dès que nous serons réunis en session ordinaire, nous de-
manderons officiellement à M. le Préfet, et au besoin à M. le
Ministre de l'Intérieur, si la marche des affaires d'une commune
doit dépendre du bon plaisir d'un homme, et, à propos des concessions de terrain dans le cimetière nouveau, s'il est permis à
un maire d'ouvrir ou de fermer à son gré une source quelconque
des revenus de sa commune.

»Dans l'espoir que vous voudrez bien, M. le Rédacteur, insérer
cette lettre dans un des prochains numéros de votre journal, nous
vous prions d'accueillir l'assurance de notre gratitude, avec celle
de nos sympathies politiques.»

II

Au mois d'août, M. le Maire se permit encore de violer
la loi : le Conseil municipal ne fut pas convoqué. Le 1er
septembre, les Conseillers écrivirent à M. le Ministre de
l'Intérieur, dans les termes suivants :

MONSIEUR LE MINISTRE,

«D'après l'article 15 de la loi du 5 mai 1855, les Conseils muni-
»cipaux s'assemblent en session ordinaire quatre fois l'année :
au commencement de février, mai, août et novembre.

»Malgré cette prescription formelle de la loi, le Conseil municipal d'Alignan n'a pas été réuni par M. le Maire, pour la session du mois de mai. Il a porté plainte à M. le préfet de l'Hérault, le premier jour du mois de juin, en lui faisant observer

qu'indépendamment de la confection du budget, il avait à traiter plusieurs questions graves et urgentes. Ce magistrat, qui, dans une circonstance analogue, en 1866, avait écrit à M. le Maire que, *sous aucun prétexte*, il ne pouvait se dispenser de réunir le Conseil, ce magistrat n'a pas donné suite à la plainte du corps municipal, et il a, par le fait, absous M. le Maire d'Alignan.

»Nous espérions qu'au mois d'août notre mise hors la loi serait levée, et que nous rentrerions dans l'exercice de nos droits. Notre espoir a été déçu, et le Conseil municipal n'ayant pas plus été convoqué pour la troisième session que pour la deuxième, le mal semble menacer de devenir chronique.

»En cet état de choses, nous faisons appel à Votre Excellence, et nous la supplions, dans l'intérêt de la commune dont nous sommes les représentants, de vouloir bien imposer le respect de la loi à M. le Préfet de l'Hérault et à M. le Maire d'Alignan.

»Persuadés que vous daignerez prendre en sérieuse considération les faits exposés ci-dessus, nous vous offrons l'hommage des sentiments respectueux avec lesquels nous sommes, etc[1]. »

III.

Cette lettre valut au Conseil municipal une convocation pour le 20 septembre. Dans la séance de ce jour, il fut pris une délibération, dont le secrétaire du Conseil fut chargé d'envoyer directement une copie à M. Pinard, et que les sept transmirent — en ces termes — aux rédacteurs de l'*Union Nationale*, à celui du *Réveil*, etc :

«MONSIEUR LE RÉDACTEUR,

»Nous sommes heureux de vous apprendre que M. le Maire d'Alignan vient de réunir le Conseil municipal. Mais n'allez pas croire qu'il ait eu l'intention de le mettre à même de s'occuper des affaires de la commune. Tout au contraire, il a eu soin de lui lier à cet égard et les pieds et les mains. Vous en jugerez

[1] La lettre qu'on vient de lire fut insérée dans l'*Union nationale* de Montpellier, dans *la Tribune*, dans l'*Électeur* et dans *le Réveil*.

par la délibération suivante que nous vous prions de communi-
quer à vos lecteurs :

» Le 20 septembre 1868, le Conseil municipal d'Alignan s'est
» réuni, sous la présidence de M. le Maire, par une autorisation
» spéciale, en date du 14, de M. le secrétaire-général de la Préfec-
» ture, délégué par M. le Préfet.

» M. le Maire a donné lecture de la dépêche de M. le secrétaire-
» général. Cette dépêche porte que *la session d'août n'ayant pas*
» *été tenue, M. le Maire est autorisé à réunir extraordinairement et*
» *d'urgence le Conseil municipal, pour s'occuper des affaires qui*
» *auraient dû être traitées dans cette session, et de celles qui pour-*
» *raient encore être mises à l'ordre du jour.*

» Par l'organe d'un de ses membres, le Conseil municipal a
» demandé à M. le Maire si le budget de l'année courante avait
» été réglé par M. le Préfet, et renvoyé de Montpellier. A cette
» question, M. le Maire a fait une réponse négative.

» Le Conseil l'a prié de déposer sur le Bureau son compte
» d'administration, et le compte de gestion de M. le Percepteur.
» M. le Maire a répondu que ces pièces étaient à la préfecture, et
» que, par conséquent, il ne pouvait les mettre à la disposition du
» Conseil municipal.

» Le Conseil a réclamé les diverses pièces relatives à l'entretien
» des chemins vicinaux. M. le Maire a répondu qu'il n'avait aucune
» pièce à produire à cet égard.

» Le Conseil a prié M. le Maire de proposer le budget pour
» l'année 1869. M. le Maire a déclaré qu'il ne voulait pas (sic) le
» proposer, et que le Conseil pouvait en dresser un, si bon lui
» semblait.

» Enfin le Conseil municipal a demandé à M. le Maire si, confor-
» mément à la délibération du 2 mars, il avait fait lever le plan
» relatif à l'élargissement qui conduit au nouveau cimetière.
» M. le Maire a dit qu'il ne l'avait pas encore reçu.

» De la suppression arbitraire des deux sessions précédentes,
» et des réponses faites par M. le Maire aux différentes questions
» qui viennent de lui être posées, le Conseil est forcé de con-
» clure qu'il y a un parti-pris de le mettre dans l'impossibilité
» d'exercer les droits qu'il tient de la loi et de la volonté de la
» population.

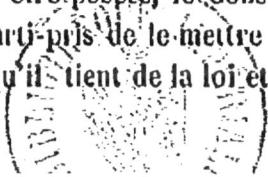

»En effet, aux termes de l'art. 15 de la loi du 5 mai 1855,
»*les Conseils municipaux s'assemblent, en session ordinaire, quatre*
»*fois l'année : au commencement de février, mai, août et novembre*·
»Or, M. le Maire n'a réuni le Conseil d'Alignan ni pour la session
»de mai, ni pour celle d'août.

»L'article 25 de la loi du 18 juillet 1837 est ainsi conçu : *Le*
»*Conseil municipal délibère sur les comptes présentés annuellement*
»*par le Maire. Il entend, débat et arrête les comptes de deniers des*
»*receveurs...* Or, ces comptes ont été envoyés à la Préfecture,
»sans avoir été soumis au Conseil municipal.

»La loi du 21 mai 1836 fait un devoir aux Corps municipaux
»de voter les ressources nécessaires à l'entretien des chemins
»vicinaux de toute nature. Or, M. le Maire ne met pas à la dis-
»position du Conseil les pièces réglementaires qui peuvent éclai-
»rer son vote.

»L'art. 33 de la loi du 18 juillet 1837 porte que *le budget de*
»*chaque commune, proposé par le Maire et voté par le Conseil*
»*municipal, est définitivement arrêté par le Préfet.* Or, M. le Maire
»se refuse à proposer le budget pour l'année 1869.

»Une délibération du 2 mars dernier avait autorisé M. le Maire
»à faire lever un plan pour l'élargissement du chemin qui con-
»duit au nouveau cimetière. Nous sommes au 20 septembre, et
»le plan n'est pas encore soumis à notre approbation.

»D'autres affaires graves et urgentes demandent une solution
»qui dépend de la vente des concessions de terrain dans le nou-
»veau cimetière. — Le tarif de ces concessions a été fixé par le
»Conseil, dans une délibération du 5 janvier. — Or, il ne plaît
»pas à M. le Maire d'opérer cette vente, sous prétexte que les
»*six ou sept* formes des arrêtés qu'il a pris à cet égard n'ont pu
»convenir à l'Administration supérieure.

»Comme, à la date du 1er juin, nous nous sommes plaints à
»M. le Préfet, et que ce magistrat est resté sourd à nos plaintes, ·
»nous avons dû prendre la liberté d'écrire, le 1er septembre, à
»M. le Ministre de l'Intérieur, et nous aimons à croire que, si
»nous sommes aujourd'hui réunis *extraordinairement et d'ur-*
»*gence*, nous le devons à notre lettre publiée par les journaux.

»En face de l'opposition systématique qui lui est faite par

»M. le Maire, dans un but facile à comprendre, le Conseil élève
»officiellement la voix jusqu'à M. le Ministre de l'intérieur. Il
»espère que Son Excellence, considérant les choses de haut et
»de loin, croira de son devoir de lui assurer l'exercice de tous
»ses droits, et ne permettra point qu'un Maire soit maître absolu
»dans sa commune, quand l'Empereur lui-même ne l'est pas en
»France.

» Le Conseil charge son secrétaire de transmettre directement
»à M. Pinard une copie de la présente délibération, prise à la
»majorité de sept voix contre deux.

» *M. le Maire déclare qu'il méprise les assertions contenues dans
»la délibération.* — Ce sont ses propres termes. »

« Le Conseil, Monsieur le Rédacteur, désirant laisser à M. le
Maire la plénitude de ses torts, n'a pas cru devoir atténuer par
des représailles l'inconvenance de l'expression dont il s'est servi[1].
Mais vous penserez avec nous que, pour avoir recours à l'injure,
il faut être bien dépourvu de moyens de défense.

» Veuillez agréer, etc. »

IV.

Au mois d'octobre, une circulaire préfectorale ayant
ordonné le réunion des Conseils municipaux, M. le Maire
refusa de s'y conformer, et, au mois de novembre, il
n'ouvrit point la session prescrite par la loi. Les Conseillers dénoncèrent les deux faits dans l'*Union nationale*,
le *Réveil* et la *Tribune*, par la lettre que voici :

« MONSIEUR LE RÉDACTEUR,

»Nous venons vous prier d'enregistrer, dans les colonnes de
»votre journal, deux nouveaux actes d'arbitraire de la part de
M. le Maire d'Alignan.

---

[1] Le langage de M. le Maire n'est pas toujours convenable. Dans une
circonstance, dont le registre des délibérations garde le souvenir, il
traita de *mensongère*, oui, de *mensongère!* une *assertion* du Conseil, qui
était pourtant la vérité pure. M. le Préfet voulut bien nous promettre
d'inviter M. le Maire *à ne plus se servir d'expressions aussi violentes.*

» Par une circulaire, en date du 10 octobre dernier, M. le Préfet
a invité les Maires à réunir les Conseils municipaux, afin de soumettre à leur délibération l'emprunt relatif aux chemins vicinaux ordinaires, conformément à la loi du 11 juillet de l'année
courante. « En exécution des instructions de l'Administration
» supérieure, dit M. le Préfet, et vu la nécessité de comprendre
» dans les rôles généraux des contributions directes de 1869 les
» impositions extraordinaires qui peuvent être votées dans cette
» circonstance, j'ai décidé que les Conseils municipaux des com-
» munes du département se réuniraient extraordinairement les 25
» et 26 octobre. Les délibérations prises devront être expédiées
» sans délai, et dès le 26. »

« Nous sommes au 8 novembre, Monsieur le Rédacteur, et
M. le Maire d'Alignan n'a pas encore convoqué le Conseil municipal. Nous lui avons fait demander la circulaire de M. le
Préfet. Il nous a fait répondre qu'il l'avait égarée. Le terme est
poli, cette fois ; mais à bon entendeur, demi-mot. Nous nous la
sommes procurée ailleurs.

» Une seconde circulaire préfectorale, en date du 28 octobre,
fixe au 8 novembre l'ouverture de la quatrième session ordinaire
des Conseils municipaux. Aux termes de la loi, nous devrions
avoir reçu les billets de convocation depuis trois jours au moins,
et nous réunir aujourd'hui même. Il n'en est rien : tel est le bon
plaisir de notre seigneur et maître.

» Ne dirait-on pas, Monsieur le Rédacteur, que nous sommes
en Chine, et que nous avons affaire à un de ces petits mandarins
qui, au fond d'une province reculée, ne tiennent parfois aucun
compte des décrets impériaux ? Il serait temps d'en finir avec
des caprices d'un pouvoir qui paralyse toutes les affaires de la
commune, et qui ne mérite que trop le fouet de la publicité.

» Recevez, Monsieur le Rédacteur, etc. »

Le 18 novembre, les sept adressèrent une dernière
lettre à M. le Ministre de l'Intérieur. En voici le texte :

« MONSIEUR LE MINISTRE,

» Dans votre circulaire du 22 septembre dernier, vous avez invité MM. les Préfets à hâter la réunion des Conseils municipaux qui doit avoir pour objet l'emprunt autorisé par la loi du 11 juillet pour l'achèvement des chemins vicinaux ordinaires.

» Fidèle à vos instructions, M. le Préfet de l'Hérault, par une circulaire en date du 10 octobre, a prescrit la convocation des Conseils de son département pour le 25 et le 26 du même mois.

» Eh bien! Monsieur le Ministre, M. le maire d'Alignan, qui s'est mis au-dessus de la loi en ne réunissant le Conseil municipal, ni pour la session légale de mai, ni pour celle d'août, ni pour celle de novembre, M. le Maire d'Alignan n'a tenu aucun compte de la circulaire de V. Exc., ni de celle de M. le Préfet.

» Il ne lui plaît pas de convoquer un Conseil qui, dans le classement des chemins vicinaux, n'a pas voulu sacrifier les intérêts de la commune à ceux de M. le maire, en inscrivant dans la première catégorie le chemin qui mène à la maison de campagne de ce magistrat, au lieu de celui qui conduit au chef-lieu de canton.

» Daignez intervenir au plus tôt, Monsieur le Ministre, et ne permettez pas que le caprice règne et gouverne plus longtemps dans notre commune.

» Veuillez accueillir, etc. »

A propos du classement des chemins vicinaux, dont il est question dans la lettre précédente, nous croyons utile de reproduire ici la lettre que nous écrivîmes à M. le Préfet, le 3 octobre 1867 :

« MONSIEUR LE PRÉFET,

» Nous prenons la liberté d'appeler votre attention sur la délibération du Conseil municipal d'Alignan, en date du 8 septembre, et relative au classement des chemins vicinaux de la commune. M. l'agent-voyer cantonal a proposé d'inscrire dans la première catégorie le chemin vicinal de la petite commune de Margon, qui dessert la maison de campagne de M. le Maire, et de reléguer dans la troisième catégorie le chemin vicinal de Servian, notre chef-lieu de canton; M. le Maire seul a approuvé la proposition de M. l'agent-voyer cantonal, et son adjoint même l'a abandonné, pour voter avec tout le reste du Conseil, en faveur de l'inscription du chemin de Servian dans la première catégorie, et du chemin de Margon dans la deuxième. M. le Maire d'Alignan ne s'est pas contenté de voter pour lui-même contre la commune. Pour faire triompher son bien propre du bien public, il a proposé à la conférence des maires, réunie le 28 septembre à Servian, de donner la somme de 500 fr., et de fournir gratis le terrain nécessaire à l'élargissement du chemin de Margon, dans le trajet de sa propriété.

»Si nous sommes bien informés, MM. les Maires ont maintenu le chemin vicinal de Margon dans la première catégorie[1]. Heureusement pour nous que la sentence n'est pas sans appel. *Il est des juges à Berlin*, et nous avons la confiance pleine et entière que ni M. le Préfet, ni la Commission du Conseil général, ne permettront que l'intérêt de la commune d'Alignan soit sacrifié à l'intérêt de M. Henri Crozals.

»Dans cet espoir, nous aimons à nous dire, Monsieur le Préfet, vos très-humbles et très-obéissants serviteurs.»

V.

Enfin le 6 décembre, au sortir d'une séance à la mairie, le Conseil municipal d'Alignan a écrit la lettre suivante au rédacteur en chef de l'*Union nationale* et à ceux de la *Tribune* et du *Réveil* :

« MONSIEUR LE RÉDACTEUR,

»Quand un maire ne tient aucun compte de l'intérêt de ses administrés, ni des circulaires d'un Préfet et d'un Ministre, ni même des prescriptions les plus formelles de la Loi, il ne peut,

[1] Nous avons été fort étonnés d'apprendre que M. Henri de Grasset, président de la Commission cantonale, a voté pour le maintien du chemin vicinal de Margon dans la première catégorie.

sous le gouvernement actuel, échapper longtemps à une desti-
tution. Vous vous rappelez, Monsieur le Rédacteur, vous et vos
abonnés, combien les affaires de la commune ont eu à souffrir
de l'obstination de M. le Maire à ne pas réunir le Conseil municipal aux époques légales. Eh bien! l'heure de la justice a sonné,
et notre Maire vient de donner lecture au Conseil d'un décret de
l'Empereur, en date du 27 novembre, qui, direz-vous, révoque
de ses fonctions le maire d'Alignan? oh non! car il le méritait;
mais qui, sans aucune allégation de motifs, dissout purement et
simplement le Conseil municipal de cette commune. Oui, Monsieur le Rédacteur, les soussignés, après avoir eu à déplorer la
mort naturelle de trois de leurs collègues, viennent de périr
eux-mêmes de mort violente — comme conseillers — par décret
impérial, sans doute pour avoir très-humblement supplié l'autorité supérieure de soumettre au joug de la loi un maire ou-
blieux de ses devoirs administratifs. A nos concitoyens, à ces
fiers Alignanais que révolte l'injustice, de se souvenir qu'en 1830
le Conseil de leur choix a été brisé, et que la gestion des affaires
communales a été livrée à des hommes qui n'avaient pas leurs
sympathies.

» En attendant, permettez-nous, Monsieur le Rédacteur, d'a-
dresser au public, par l'organe de votre journal, un résumé
substantiel des actes d'arbitraire que nous avons eu à reprocher
à M. le Maire d'Alignan.

» Aux termes de l'art. 15 de la loi du 5 mai 1855, « les Conseils
» municipaux s'assemblent en session ordinaire quatre fois l'an-
» née : au commencement de février, mai, août et novembre. »
Or, au mois de mai, il ne plut pas à M. le Maire de réunir le
Conseil, malgré l'importance d'une session dans laquelle il s'agit
de vérifier les comptes administratifs et de dresser le budget de
l'année suivante. Le 1er juin, nous nous plaignîmes à M. le
Préfet de l'Hérault. Ce magistrat fut sourd à notre plainte, et
la session légale de mai n'eut pas lieu.

» Le mois d'août arrive, et nous concevons naturellement l'espoir de rentrer dans l'exercice des droits que nous tenons de la
loi même et de la volonté de la population. Il n'en est rien, et
la troisième session légale est arbitrairement supprimée par

M. le Maire, tout comme la seconde. Nous dûmes cette fois porter nos griefs à la connaissance de M. le Ministre de l'Intérieur. C'était le 1er septembre. Le 14, M. le Maire reçut de la Préfecture l'ordre de réunir immédiatement le Conseil. Il s'exécuta, mais avec toute la mauvaise grâce possible ; car le Conseil lui ayant demandé, par l'organe d'un de ses membres, les pièces nécessaires pour diverses délibérations, il répondit qu'il n'avait aucune pièce à produire. Invité à présenter le budget pour l'année 1869, conformément à l'art. 33 de la loi du 18 juillet 1837, il déclara qu'il ne voulait pas le présenter. Le Conseil prit alors une délibération qu'il chargea son secrétaire de transmettre directement à M. Pinard. Cette délibération, prise, comme d'habitude, à la majorité de sept voix contre deux, se terminait ainsi : « En face de l'opposition systématique qui lui est faite par M. le » Maire, dans un but facile à comprendre, le Conseil élève offi- » ciellement la voix jusqu'à M. le Ministre de l'Intérieur. Il es- » père que S. Exc., considérant les choses de haut et de loin, » regardera comme un devoir de lui assurer l'exercice de tous » ses droits, et ne permettra point qu'un Maire soit maître ab- » solu dans sa commune, quand l'Empereur lui-même ne l'est » pas en France. »

» Nous pensâmes — jugez, Monsieur le Rédacteur, de notre simplicité ! — qu'une dépêche de M. Pinard allait foudroyer M. le Maire d'Alignan, et le coucher dans le poussière. Mais la foudre ministérielle n'éclata point. M. le Maire resta debout, et se rendit coupable de deux nouveaux actes d'arbitraire. Par une circulaire en date du 22 septembre, M. le Ministre invita les Préfets à soumettre le plus tôt possible au vote des Conseils municipaux l'emprunt autorisé par la loi du 11 juillet dernier, pour l'achèvement des chemins vicinaux ordinaires. En conséquence, M. le Préfet de l'Hérault prescrivit, dans une circulaire du 10 octobre, la convocation, pour le 25 du même mois, de tous les Conseils municipaux du département. Eh bien ! M. le Maire ne voulut pas faire cette convocation. Dans une seconde circulaire, en date du 22 octobre, M. le Préfet fixa au 8 novembre l'ouverture de la quatrième session légale. M. le Maire refusa d'ouvrir cette session.

» En présence de toutes ces violations de la loi, et au nom des intérêts de notre commune, nous portâmes une dernière plainte, le 18 novembre, à M. Pinard, et l'Empereur nous a répondu... par un décret de dissolution. A la conscience publique d'apprécier, suivant les règles de l'éternelle justice. Quant à nous, Monsieur le Rédacteur, nous sommes vaincus, mais non domptés : nous rentrerons bientôt dans l'arène.

» Recevez, en attendant, malgré l'issue du combat, toutes nos actions de grâces pour l'appui bienveillant que vous nous avez prêté. »

Telles sont, lecteur, les pièces du procès que nous avons soutenu contre M. le Maire d'Alignan. A vous de juger entre les représentants de la commune, qui réclamaient le libre exercice de leurs droits, et le fonctionnaire du gouvernement qui, pour devenir la tête, au lieu du bras, de l'administration municipale, a frappé dans l'ombre les élus de la population, pendant que ceux-ci l'attaquaient au grand jour de la publicité. De la justice de notre cause, vous conclurez sans doute avec nous qu'il y a de glorieuses défaites et des triomphes qui ne font pas honneur.

Alignan, le 29 décembre 1868.

Louis EUSTACHE, Léon LUQUIS, Félicien LAURENS, COMBES fils, Pierre GEORGERENS, Casimir GASC, Joseph GIBBAL.

Montpellier. — Typographie BOEHM & FILS.

www.ingramcontent.com/pod-product-compliance
Lightning Source LLC
Chambersburg PA
CBHW060718280326
41933CB00012B/2483